AF562428

RÉPLIQUE

POUR M. LE PRINCE

JULES DE POLIGNAC,

ANCIEN PRÉSIDENT DU CONSEIL DES MINISTRES,

PRONONCÉE DEVANT LA COUR DES PAIRS,

le 21 décembre 1830,

PAR

M. LE VICOMTE DE MARTIGNAC.

PARIS.
IMPRIMERIE ET FONDERIE DE J. PINARD,
RUE D'ANJOU-DAUPHINE, N° 8.

1830.

RÉPLIQUE

POUR M. LE PRINCE

JULES DE POLIGNAC,

ANCIEN PRÉSIDENT DU CONSEIL DES MINISTRES (1).

PAIRS DU ROYAUME,

Je voudrais qu'il me fût permis, qu'il me fût possible de renoncer à ce triste et pourtant précieux privilége que les lois accordent aux accusés, de frapper du dernier accent l'oreille de leurs juges, au moment où va s'arrêter cette controverse où il s'agit pour eux de vie, de liberté et d'honneur. Pourquoi l'accusation ne m'en a-t-elle pas laissé le pouvoir? Pourquoi, en usant de toute la rigueur de

(1) Les journaux n'ont publié que des extraits de cette *réplique* improvisée. L'inexactitude peu habituelle avec laquelle elle a été reproduite par le *Moniteur*, a donné lieu, de la part de M. de Martignac, à une réclamation qui a été insérée dans ce journal, le 24 décembre.

son droit, m'oblige-t-elle à user de toute la latitude du mien? La gravité de ses accens ne me permet pas le silence. Je viens donc remplir le dernier devoir qu'elle m'impose; mais l'usage du droit que m'accorde une loi protectrice ne deviendra point un abus.

Je sens que ces tristes débats doivent toucher à leur terme, que votre justice doit être déjà éclairée, que la vérité a dû briller dans tout son jour. Je me reprocherais de retarder par des efforts désormais inutiles l'arrêt qui va, après de si longues angoisses, fixer le sort des accusés. Je comprends aussi qu'il est temps de rendre le calme et le repos à notre pays qu'agite, qu'ébranle le mouvement de ce déplorable procès, funeste héritage d'un ordre de choses qui n'est plus.

Mais avant de rentrer dans cette discussion pénible, et d'essayer la force des nouvelles objections que l'accusation vient d'appeler à son aide, ai-je donc, en effet, un premier devoir à remplir, celui de défendre ceux-là mêmes à qui le malheur avait confié sa défense?

On nous accuse d'avoir *bravé la justice et l'opinion publique;* d'avoir, au nom des accusés, exprimé *un repentir qui n'était autre que celui de n'avoir pas été vainqueurs.* — Eh quoi! ce triste pressentiment qui m'avait frappé se serait-il, en effet, réalisé? Je disais : « La défense peut être grande et puissante; si je ne réussissais pas, le sentiment de mon insuffisance, auquel il faudrait seul attribuer ce funeste revers, pèserait sur mon cœur comme un éternel remords. »

Aurais-je donc réellement oublié ma première, ma plus sainte obligation? Aurais-je, moi, bravé cette justice que je venais solliciter, cette opinion publique que j'avais un si grand besoin d'éclairer, et un si grand intérêt à ménager et à calmer? Je n'aurais exprimé que *le regret de la défaite,* lorsque je devais gémir sur *le malheur du combat!* Ah! s'il en est ainsi, j'ai trahi le mandat que j'avais reçu, j'ai manqué à mon devoir, je n'ai pas dit ce que j'avais reçu la mission de dire, je n'ai pas exprimé des sentimens dont je devais être l'organe: que l'accusé me désavoue.

Mais est-il vrai que j'aie tenu le langage qu'on m'attribue, qu'il y ait rien de semblable dans les paroles échappées de ma bouche? On me reproche d'avoir donné des louanges à celui que je devais défendre et justifier : j'ai raconté sa vie, j'ai rappelé ses actes; parmi ces actes, il en était d'honorables, de généreux : étais-je donc condamné à les taire? J'ai parlé du complot de 1803, et l'on a vu dans ce récit un éloge donné au complot lui-même. Non, Messieurs, je n'ai rien pensé ni pu dire de pareil; je n'ai pas d'éloge pour les complots; je n'ai rappelé le procès célèbre de 1803, que pour vous montrer l'accusé, si jeune encore, sollicitant la mort pour rendre son frère à la vie, et pour vous montrer ainsi ce qu'il y avait de sensibilité et de dévouement dans le cœur de cet homme qu'on vous signalait comme toujours prêt à ordonner le meurtre et à presser le massacre.

Si l'infortune a des droits, a-t-on dit, *le pays a aussi les siens, et sa dignité doit être respectée.* Qu'est-ce à dire? Aurais-je abjuré mes propres sentimens? Aurais-je méconnu la dignité de ma patrie? N'est-ce pas en son nom, au contraire, n'est-ce pas par respect pour elle, que j'ai invoqué la justice et la modération dans la victoire? Dire à la France qu'elle avait suffisamment prouvé au monde sa puissance et sa force, qu'elle n'avait pas besoin, pour assurer son triomphe, d'un sang inutilement versé, qu'un acte qui semblerait appartenir à la vengeance ne pouvait que ternir l'éclat de ce triomphe, serait-ce donc là un outrage fait à sa dignité? Pour moi, je n'y vois, je l'avoue, qu'un langage qu'elle doit entendre et qui me semble fait pour elle.

Cette critique inattendue ne s'est pas arrêtée sur moi seul; on a enveloppé dans une censure plus vive le système de défense qui vous a été présenté par un jeune orateur que la première ville de France envie à la seconde, par un jeune orateur dont l'élocution brillante et animée, l'érudition et la rare sagacité promettent non seulement le plus éloquent orateur au barreau, mais aussi un puissant appui des intérêts du pays à la tribune. On l'accuse d'avoir supposé la France dans un état permanent de conspiration; il n'a pas été compris. Il a lui-même, autant qu'il m'en souvient, repoussé l'idée d'une conspiration flagrante et continue; il n'a parlé que de la disposition des esprits, que d'une sorte d'antipathie qui n'a pas permis au pays et à la restauration de s'entendre; antipathie dont son ame toute française a rejeté l'origine, non sur la dynastie, mais sur le triste cortége qui en avait accompagné le retour. C'est là, et là uniquement, qu'il me paraît avoir cherché la cause par laquelle avait été préparée cette révolution soudaine dont le mois de juillet a vu les éclats.

Qu'on ne s'adresse donc plus aux défenseurs; qu'on ne cherche plus dans leurs paroles des agressions contre *l'opinion* qu'ils veulent apaiser, contre *la justice* dans laquelle ils ont placé toutes leurs espérances, contre *la dignité du pays* qu'ils comprennent et qu'ils respectent. Tous désavouent, par mon organe, des paroles qui n'exprimeraient pas les sentimens que je viens de rappeler; et si quelque chose de pareil pouvait échapper à notre langage, que la responsabilité en retombe sur nous seuls.

Revenons aux accusés, et, puisque notre mission touche à son terme, examinons de plus près encore les bases de l'accusation et les moyens sur lesquels elle s'appuie. Peut-être cet examen pressant jettera-t-il sur ces débats quelque clarté nouvelle.

Dans ma première défense, j'ai cru devoir suivre l'ordre qui m'a paru le plus naturel et le plus logique. Appelé à combattre une accusation dirigée contre un citoyen, contre un pair de France, contre un ancien ministre de la dynastie renversée, j'ai cru devoir examiner d'abord si cette accusation pouvait être écoutée, si vous pouviez l'admettre et la peser, s'il n'existait pas, en dehors même du procès, quelque chose de grave, d'imposant, *d'historique,* assez puissant pour élever entre le procès et le juge comme un obstacle invincible qui ne permettait pas même l'examen et la discussion.

J'ai soutenu que le procès n'avait plus ni cause ni intérêt; que l'expulsion de la dynastie en avait détruit tous les élémens; j'ai soutenu encore que les événemens qui venaient de tout détruire et de tout renouveler n'avaient pu laisser de juges aux accusés; j'ai soutenu enfin qu'il ne pouvait y avoir ni accusation ni jugement là où la loi était muette, et qu'ici aucune loi n'existait que l'accusation pût appeler à son aide.

C'est après avoir élevé cette barrière entre les accusateurs et nous, que j'ai cru pouvoir marcher de front jusqu'au procès lui-même, et que j'ai parcouru successivement ces quatre crimes définis à l'aide desquels on avait essayé de remplacer la définition absente du seul crime qu'on eût le droit de poursuivre.

Aujourd'hui, Messieurs, je crois devoir m'affranchir de cet ordre; il me semble que je dois être moins pressé encore de mettre en sûreté la vie des accusés par une défense qui écarte l'examen, que de revoir de plus près et de repousser par cet examen lui-même les moyens à l'aide desquels on cherche à l'attaquer.

Quatre griefs avaient été articulés par l'accusation, comme devant constituer le crime de trahison, ou en tenir lieu : 1° *Les élections avaient été faussées, et les citoyens privés du libre exercice de leurs droits;* 2° *les institutions du royaume avaient été arbitrairement et violemment changées;* 3° les anciens ministres s'étaient rendus *coupables d'un complot attentatoire à la sûreté intérieure de l'État;* 4° *ils avaient excité la guerre civile, armé les citoyens les uns contre les autres, et porté en divers lieux la dévastation et le massacre.*

A côté de ces quatre crimes distincts et séparés, l'accusation avait placé les articles de loi qui devaient leur être appliqués, afin que le juge sût où trouver l'arme avec laquelle il devait frapper.

Sur ces quatre griefs, l'un paraît à peu près abandonné; c'est l'accusation de complot. Le complot est tombé avec les incendies, avec les cours prévôtales, avec le piége odieux tendu à la Chambre des députés, avec tout ce cortége dont on avait jugé nécessaire d'accompagner le fait principal. Ainsi donc, si l'imputation du crime pèse encore sur la tête des anciens ministres, la préméditation, la vieille haine, l'odieuse dissimulation, ont à peu près disparu.

Des trois griefs qui restent, il en est encore un sur lequel on insiste peu, c'est celui qui concerne les élections. Et en effet, Messieurs, l'accusation aurait tort de s'appesantir sur ce chef, qui laisse à la défense une réfutation trop facile.

Jusqu'ici, nous nous sommes bornés à examiner

la gravité des faits articulés, à peser les paroles des circulaires, à apprécier l'influence qu'ont pu avoir les lettres péniblement recherchées, à juger les motifs qui ont déterminé, à l'occasion des élections, des faveurs ou des actes de sévérité. Voyons si cet examen lui-même nous était imposé comme une nécessité, et si nous ne trouvions pas une défense plus claire et plus péremptoire encore dans les termes de la loi où l'accusation a cherché un appui.

Vous savez et vous n'oubliez jamais que le crime unique pour lequel les anciens ministres peuvent être poursuivis devant vous, est celui de *trahison*; que ce crime n'est défini, prévu, ni puni par aucune loi; que l'accusation est réduite à substituer à ce crime d'autres crimes, et à cette loi absente d'autres lois.

Indépendamment du vice radical de ce mode que j'ai déjà eu de fréquentes occasions de vous rappeler, vous concevez qu'une condition rigoureuse, imposée aux accusateurs, est de mettre dans un accord parfait les griefs qu'ils articulent et les articles de lois qu'ils invoquent.

Quels sont les articles du Code pénal où ils ont puisé le grief relatif aux élections? Ce sont les articles 109 et 110. Le premier est ainsi conçu : « Lors« que par *attroupement, voies de fait ou menaces,* « on aura *empêché* un ou plusieurs citoyens d'exer« cer leurs droits civiques, chacun des coupables « sera puni d'un emprisonnement de six mois au « moins et de deux ans au plus, et de l'interdic-

« tion du droit de voter et d'être éligible pendant « cinq ans au moins et dix ans au plus. »

Voici le second article : « Si ce crime a été commis « par suite d'un plan concerté pour être exécuté, « soit dans tout le royaume, soit dans un ou plu- « sieurs départemens, soit dans un ou plusieurs « arrondissemens communaux, la peine sera le ban- « nissement. »

Telle est la loi invoquée par l'accusation. Je le demande, que peut-elle avoir d'applicable au procès qui vous occupe? Quel rapport direct ou indirect peut-il y avoir entre les circulaires incriminées et les dispositions de la loi qu'on place à côté d'elles?

Qui ne voit qu'il ne s'agit là que d'un obstacle physique, d'un empêchement matériel apporté à l'exercice du droit de voter; que ce sont autant de mesures prises dans l'intérêt du gouvernement lui-même, autant de précautions combinées contre les envahissemens de l'esprit de sédition? Qui peut trouver là rien qui ressemble à un délit prévu comme pouvant être commis par l'administration elle-même? Et quel juge pourrait, en reconnaissant même que ce gouvernement a excédé les bornes d'une influence légitime, appliquer à ses membres la disposition pénale des articles 109 et 110?

Laissons donc à l'écart cet étrange chef d'accusation, dont on ne se dissimule point la faiblesse, et voyons si nous trouverons dans les autres plus d'exactitude et plus de justesse.

Deux griefs nous restent à examiner : celui qui touche aux *changemens arbitraires faits dans les institutions du royaume*, et celui qui consiste dans *l'excitation à la guerre civile.*

Je reviendrai plus tard sur le premier ; c'est là le seul qui soit réel, le seul point grave sur lequel l'accusation repose, comme l'a bien compris la sagesse de votre Commission. Avant d'y revenir, je crois devoir examiner de près le second.

On reproche aux anciens ministres d'avoir excité à la guerre civile. Je supplie la Cour de me dispenser de me traîner encore sur ces détails sanglans, dont l'ame et l'attention de chacun de ses membres sont fatiguées depuis plusieurs jours. Les accusés repoussent cette odieuse imputation, et ce n'est pas seulement la voix de leur intérêt, c'est aussi celle de leur cœur, qui s'élève contre elle. Ce sang qui a coulé, les accusés le déplorent; ils le déploreront toute leur vie, ils voudraient le racheter au prix du leur; mais ils ne veulent pas qu'en leur nom, pour leur intérêt, pour leur cause, on recherche quand, comment, dans quel lieu, par quel moyen, par quelle main la première goutte de ce sang est tombée. Ils frémissent à cette enquête; il leur semble que ce débat cruel est une sorte de reconnaissance de cette responsabilité funeste dont ils rejettent jusqu'à la justification.

Je m'étais arrêté assez long-temps sur cette portion brûlante du procès, pour espérer que je ne serais plus forcé d'y revenir, et cependant une insistance imprévue m'oblige à ressaisir encore quelques unes des circonstances qui s'y rattachent.

On a parlé de nouveau du refus fait par M. de Polignac de recevoir et d'entendre les médiateurs qui se présentèrent aux Tuileries, et on en a parlé comme si on ignorait les motifs de ce refus, comme si M. de Polignac ne les avait pas expliqués lui-même de manière à les rendre manifestes aux yeux de tous.

Est-il donc nécessaire de dire encore que son premier mouvement, en voyant arriver des conciliateurs, fut un sentiment d'espérance et de joie; que son premier désir fut de les écouter; que ce premier désir ne s'arrêta que devant le sentiment funeste de l'impuissance? Cette impuissance, on la reconnaît; j'en ai entendu l'aveu de la part d'un des accusateurs; et qu'il me permette de m'arrêter sur cet aveu consolant; hélas! les paroles consolantes ont été bien rares dans sa bouche!

Mais cette impuissance n'explique-t-elle donc pas tout le reste? Vouliez-vous que M. de Polignac fût réduit à la douloureuse nécessité de dire aux médiateurs: « Vous demandez que l'effusion du sang soit arrêtée : je partage vos douleurs, mais il ne dépend pas de moi d'y mettre un terme; c'est à une autre volonté que la mienne qu'appartient ce pouvoir. » C'est là ce qu'il ne voulait ni ne devait dire. C'est à ce déplorable embarras qu'il voulut échapper, en renonçant à voir ceux qu'il avait lui-même souhaité d'entretenir.

Qui donc pourrait encore avoir des doutes sur le fait et se méprendre sur les causes?

J'avais cru tout éclairci sur la circonstance où figure M. de Sémonville, et cependant on la reproduit de nouveau; on parle du calme de l'un des acteurs comparé à la vivacité de l'autre; de l'hésitation de M. de Polignac pour se rendre à Saint-Cloud, et de la promptitude avec laquelle y courut M. de Sémonville.

Eh bien! là encore c'est la prévention qui parle et qui empêche d'entendre la vérité. Si, dans l'entretien qui eut lieu aux Tuileries, M. de Sémonville s'exprimait avec toute la véhémence d'un bon citoyen qui réclame le salut de son pays, M. de Polignac répondait tout ce que sa position impuissante lui permettait de répondre. Mais est-il vrai qu'il hésitât à se rendre à Saint-Cloud? Une voiture était déjà préparée pour l'y transporter. Est-il vrai qu'il allât lentement là où d'autres couraient si vite? Parti *après* M. de Sémonville, il arriva à Saint-Cloud *en même temps* que lui; et enfin, arrivé à Saint-Cloud, son premier soin fut de déclarer au roi son inébranlable résolution de quitter les affaires et de faciliter à M. de Sémonville l'entrevue qu'il désirait.

Ce sont autant de faits maintenant éclaircis, maintenant incontestables. Comment donc peut-on chercher là une aggravation nouvelle au préjudice de celui que je défends?

Ce n'est pas tout: on a reproché à M. de Polignac un délai de plusieurs heures qui paraît s'être écoulé entre la résolution de retirer les ordonnances et de renouveler le conseil, et l'exécution de cette immense mesure. Ce délai funeste à la monarchie, ce délai sans lequel, dit-on, les événemens n'auraient pesé sans doute que sur les accusés présens, c'est à M. de Polignac qu'on l'impute.

Ah! de grâce, arrêtez; c'est bien assez, pour une tête, du poids de cette accusation mêlée de sang sous lequel elle plie; n'y ajoutez pas l'insupportable fardeau de cette responsabilité imaginaire.

Non, ce n'est pas à lui qu'il faut imputer ce fatal retard; sa mission était remplie, son mandat était fini, sa dévorante responsabilité éteinte; il n'était plus que citoyen, déplorant avec les autres citoyens les maux de leur patrie, mais impuissant pour y mettre un terme. Si ce retard a fait remonter, en effet, jusqu'au trône le coup qui ne devait frapper que lui, grâce au ciel, devant Dieu et devant les hommes, il n'a pas du moins à répondre de ce dernier malheur.

Laissons donc encore les faits qui se rattachent au grief que j'examine, et qui sont trop bien connus pour avoir besoin de plus longs développemens; et, procédant comme je l'ai fait pour le grief précédent, examinons de près celui-ci sous ses rapports avec la loi.

Nous avons vu l'accusation, recherchant des faits positifs et des dispositions pénales pour les mettre à la place de ce crime qu'elle poursuit, quoique non défini, invoquer tout à l'heure, pour les appliquer à un prétendu délit relatif aux élections, des articles de loi sans application possible. Voyons si, en ce qui touche le grief actuel, elle a agi avec plus d'exactitude.

C'est l'article 91 qu'elle a cité comme contenant la disposition applicable à ce chef de l'accusation.

Jetons les yeux sur l'article, et nous le comparerons au fait articulé :

« L'attentat ou le complot dont LE BUT sera, soit « d'exciter la guerre civile en armant ou en portant « les citoyens ou habitans à s'armer les uns contre « les autres,

« Soit de porter la dévastation, le massacre et le « pillage dans une ou plusieurs communes,

« Seront punis de la peine de mort, et les biens « des coupables seront confisqués. »

Vous l'entendez, Messieurs, l'article 91, dans sa juste sévérité, punit de mort l'attentat ou le complot dont LE BUT sera d'exciter la guerre civile. Telle est la loi.

Comment l'accusation a-t-elle défini le crime auquel elle entendait faire appliquer cette disposition ?

La résolution de la Chambre accuse les anciens ministres d'*avoir excité* la guerre civile en armant les citoyens les uns contre les autres.

Mais ce n'est pas là ce que dit l'article 91, et le fait auquel on veut appliquer cet article n'est nullement identique avec le fait que l'article prévoit.

La loi n'a pas dit et n'a pas pu dire que des ministres seraient coupables d'un crime pour avoir excité la guerre civile, c'est-à-dire pour avoir occasioné une lutte dans laquelle le sang aurait été répandu. Qui ne comprend, en effet, qu'entre le pouvoir qui ordonne légalement, et une sédition qui résisterait par la force, la lutte n'aurait rien qui sortît des bornes du devoir?

Ainsi, par exemple, si dans la perception d'un impôt régulièrement voté, le gouvernement rencontre une résistance séditieuse contre laquelle il se voit contraint de déployer la force armée, on ne prétendra pas, sans doute, que ceux qui auront donné les ordres d'exécution seront criminels selon l'article 91; et pourtant on pourrait dire, en raisonnant comme l'accusation, que ceux-là ont excité la guerre civile qui sont les auteurs de l'acte qui l'a produite.

Ce n'est pas là ce que la loi dit; son langage est clair et positif; ce qu'elle prévoit, ce qu'elle punit, ce n'est pas le résultat, c'est le but. Aussi dit-elle expressément : « L'attentat ou le complot dont LE « BUT sera d'exciter la guerre civile. »

Pour aller chercher contre l'accusé la mort dans cet article, il aurait donc fallu soutenir et prouver que les ordonnances du 25 juillet ont eu *pour but* les désordres funestes qui en ont été les déplorables résultats.

Jusqu'ici, aucune voix n'avait porté aussi loin la prévention et la rigueur. Le dernier organe de l'accusation, celui que nous venons d'entendre, est le premier qui, pressentant l'argumentation, ait cru pouvoir élever jusque là le soupçon.

Je le déclare, Messieurs, je ne redoute rien de ce dernier essai. Il est des entreprises devant lesquelles la confiance s'arrête, et dans lesquelles le talent échoue.

A qui pense-t-on persuader que les ordonnances du 25 juillet aient été conçues dans la pensée d'organiser en France la dévastation, le massacre, la guerre civile enfin et toutes ses horreurs? Quoi! le roi de France aurait délibéré avec son conseil sur les moyens de livrer sa patrie au plus horrible des fléaux! Mais si le cœur ne rejette pas avec effroi un pareil soupçon, comment la raison ne se soulèverait-elle pas?

On a dit depuis long-temps que l'intérêt est la mesure des actions des hommes; vérité cruelle, vérité protectrice toutefois aujourd'hui, puisque ma défense y est écrite. Quel pouvait être l'intérêt du gouvernement dans les mesures que la fatalité lui a suggérées? N'était-ce pas le maintien de l'ordre, celui de l'autorité, celui de l'obéissance? N'avait-il pas tout à redouter d'un mouvement désordonné, et l'expérience n'a-t-elle pas prouvé jusqu'à quel point ces craintes étaient fondées?

L'orateur auquel je réponds, parlait tout à l'heure du jugement qu'il porterait dans son ame et dans sa conscience. Messieurs, je connais son ame; je sais tout ce qu'il y a de pur dans sa conscience; en ce moment, j'y lis peut-être mieux que lui-même, car il ne peut pas se soustraire entièrement à l'influence d'un mandat rigoureux. Eh bien! s'il pouvait se dépouiller du caractère d'accusateur, je n'hésiterais pas à lui conférer celui de juge, et à le charger du soin de prononcer entre son imputation et ma défense.

Les ministres auraient eu *pour but* d'exciter la guerre civile! — Mais oublie-t-on donc tout ce qui s'est passé? A-t-on perdu de vue cette absence de toute précaution, cet oubli de toute mesure? Nos juges ne savent-ils donc pas que Paris n'avait jamais été si dégarni de troupes, soit dans l'intérieur, soit dans le voisinage? N'est-il pas notoire que les officiers sur lesquels on devait compter le plus, avaient été envoyés dans leurs départemens; que c'est aux élections qu'on employait leur dévouement; qu'on n'avait pas même pressé leur retour? Est-ce donc ainsi qu'on se prépare à la guerre civile? Est-ce ainsi qu'on organise les moyens de la soutenir? Est-ce par de tels actes que se forme un complot dont *le but* est de l'exciter?

En présence de ces faits, de ces faits matériels, de ces faits que l'accusation ne peut désavouer, que devient sa dernière tentative, et que reste-t-il pour l'application de l'article 91?

Rayons donc encore cet article, et souvenons-nous que, pour arriver à ce résultat, l'argumentation à laquelle je viens de me livrer était elle-même inutile. Il m'aurait suffi de dire, en lisant, d'une part, la loi, et, de l'autre, le grief: Le fait que vous avez écrit et la loi que vous avez invoquée n'ont entre eux aucune identité; l'acte que vous avez voulu faire punir, n'est pas celui que la loi punit; ici encore l'article que vous appelez à votre aide vous refuse son secours, et vous restez sans loi *dans votre trahison constructive*, comme vous étiez sans loi pour soutenir une accusation directe.

Arrêtons-nous là un instant, Messieurs; daignez jeter un regard en arrière, et conserver dans vos esprits l'impression qu'il doit y porter.

Dans le silence de nos lois, qui ne prévoient ni ne punissent le crime de trahison, l'accusation a cherché les moyens de suppléer à ce silence; elle a invoqué cinq articles du Code pénal comme s'appliquant à des crimes ou délits qui pouvaient, à ses yeux, avoir avec la trahison quelque analogie.

Sur ces articles, deux, le 123e et le 125e, touchaient au complot attentatoire à la sûreté de l'État; et ce grief, démenti par les débats, est à peu près abandonné par elle-même.

Deux autres articles, le 109e et le 110e, s'appliquaient aux élections; et vous avez vu quelle absence complète de rapport existait entre le chef d'accusation et les dispositions de la loi citée.

Enfin, l'article 91, le seul où la mort fût écrite, avait peut-être moins d'identité encore avec le grief auprès duquel il était placé.

Que reste-t-il de tant d'efforts, et que peuvent aujourd'hui les accusateurs auprès de vous, à qui ils n'ont rien à demander qu'à l'aide des lois et selon les lois?

Toutefois, Messieurs, le fait le plus grave vous reste à examiner ; c'est celui qui touche aux ordonnances du 25 juillet. L'accusation ne cite aucune disposition pénale dont elle puisse lui faire l'application, mais il a eu sur nos destinées une si immense influence, il touche à des droits si élevés, à des questions si sérieuses, à des résultats si terribles, qu'il est impossible de se dissimuler l'impression qu'il a dû laisser dans vos consciences. Il faut donc y revenir.

Je ne chercherai pas aujourd'hui plus que dans ma première défense, de vaines subtilités qui m'ont toujours paru indignes de vous et des accusés eux-mêmes. J'ai mis dans la bouche des accusés la série des motifs qui avaient déterminé leur conduite, et, si je ne me trompe, il y avait dans leur langage ainsi reproduit quelque chose d'assez grave, d'assez pressant, d'assez énergique, pour que le souvenir n'en soit pas effacé.

Deux questions s'offraient naturellement à l'esprit : Premièrement les anciens ministres ont-ils pu croire *sans crime* que l'article 14 de l'ancienne Charte leur donnait le droit d'agir en dehors des lois, lorsque la sûreté de l'État était menacée ? Secondement, ont-ils pu croire *sans crime* que les circonstances étaient suffisantes pour justifier l'emploi de ces moyens extraordinaires ?

J'avais dit sur la première question, que, pour interpréter avec justice les dispositions de l'article 14, il fallait considérer ses termes, l'origine de la Charte, l'usage qui avait été fait de cette disposition, le sens que les hommes les plus considérables lui avaient donné.

Tous ces moyens à l'aide desquels j'avais cru résoudre le problème ont-ils été détruits ou affaiblis? L'article 14, en proclamant le droit du roi de faire des ordonnances pour *l'exécution des lois*, et en y ajoutant, par une disposition séparée, celui d'en faire aussi pour la *sûreté de l'État*, n'avait-il pas établi pour deux cas distincts deux règles différentes? C'est ce que personne n'a contesté, et l'argument pris *des termes* est dès lors demeuré tout entier.

J'avais parlé de *l'origine* de la Charte, et il était difficile de se dissimuler la gravité des raisons qui en découlaient. La Charte, disais-je, a été octroyée en vertu d'un pouvoir préexistant, pouvoir solennellement reconnu en 1814, reconnu encore et proclamé en 1822 par une loi qui punissait les attaques dirigées contre les droits que le roi tenait de sa naissance, et en vertu desquels il avait donné la Charte.

Dans cette question *d'origine*, j'avais trouvé le véritable nœud de la difficulté. En effet, tout le monde convient, les intérêts comme les opinions les plus contraires sont obligés d'admettre que, dans tous les États, il doit exister un pouvoir supérieur, transcendant, dormant dans les temps ordinaires, s'éveillant protecteur et salutaire dans les momens de crise. L'unique point du doute est de savoir à qui ce pouvoir est réservé.

J'avais à examiner ici en faveur de qui, dans l'état de nos institutions, la réserve du pouvoir extraordinaire pouvait exister; et le problème était résolu par *l'origine* de la Charte; il était manifeste, en effet, que dans une constitution, ouvrage de la royauté, octroyée, concédée par elle, l'auteur avait dû conserver pour la royauté et non attribuer au peuple le remède héroïque qui, dans les circonstances critiques, pouvait sauver le trône et le pays.

L'argumentation était pressante; l'accusation n'y a pas répondu.

J'avais invoqué les interprétations nombreuses données à l'art. 14. On répond que quelques hommes *imprudens* ont pu, en effet, dans ces derniers temps, dénaturer le sens de cet article afin de pousser le gouvernement dans des voies funestes; mais on refuse toute importance à ces interprétations erronées et intéressées.

Ah! Messieurs, si la justice n'avait pas aussi son impatience, et si je n'étais retenu par des considérations faciles à comprendre, qu'il me serait aisé de repousser cette réfutation imprévue! et quel étrange contraste formerait la liste des noms que je pourrais citer avec cette qualification d'imprudens et d'hommes intéressés à égarer le gouverment, que l'accusation leur donne! Je m'en remets à vos souvenirs.

Recherchant *l'usage* qu'on avait fait de l'art. 14 pour voir comment il avait été compris par le gouvernement lui-même, j'avais cité les actes nombreux faits par Louis XVIII en 1815, avant et après l'invasion. L'accusation assure que ces actes, où l'article était en effet rappelé, ne contenaient toutefois aucune disposition qui fût contraire à la Charte.

Quoi! pas même l'ordonnance qui fixait à trente ans l'âge de l'éligibilité que la Charte fixait à quarante! Sur quel droit, sur quel pouvoir s'appuyait cet acte de la volonté royale, si ce n'est sur le pouvoir supérieur aux lois et réservé pour les cas extraordinaires?

Mais ce n'est pas tout. Parmi les divers moyens de rechercher le sens de la disposition qui nous occupait, j'en avais indiqué un qui ne me paraissait pas susceptible d'être récusé par les accusateurs, parce que les mandataires ne sauraient désavouer leur mandant; ce moyen c'était la rédaction nouvelle donnée à l'article 14, dans la Charte de 1830.

J'avais dit : la Chambre des députés est trop grave et trop sage pour rien faire d'inutile. Pourquoi, sans intention de rien changer à l'esprit de l'article tel qu'elle le comprenait, en a-t-elle modifié les termes? Il est impossible d'hésiter sur la réponse; c'est parce que la rédaction précédente n'était pas suffisamment claire, parce qu'elle pouvait donner lieu à des erreurs, à de fausses interprétations.

Voilà ce qu'on ne conteste pas, ce qu'on ne peut pas contester. Pairs du Royaume, juges des accusés, n'est-ce pas là tout ce qu'il me fallait auprès de vous? Je n'avais pas de doctrine à justifier, pas de système à soutenir, pas d'opinion à émettre; j'avais à vous parler d'un accusé, d'un crime, d'une trahison, et si je trouve la preuve qu'il a pu y avoir erreur, malentendu, fausse interprétation, préoccupation, je n'ai pas besoin d'autre défense, car *erreur* et *préoccupation*, tout cela n'est pas crime, tout cela est incompatible avec le crime.

Au surplus, Messieurs, ce point capital n'en était-il pas venu réellement à une simple dispute de mots? Daignez m'accorder encore un instant d'attention.

Il y a trois jours, l'accusation et nous, nous paraissions prêts à nous entendre; elle avait reconnu le pouvoir transcendant qui agit en dehors des lois; seulement elle lui donnait un autre nom que nous, et le trouvait dans la *nécessité*. Ainsi, ce que nous appelions *article* 14, elle l'appelait, elle, *nécessité*. Peu importait le nom; le principe, le pouvoir, le droit étaient admis : il n'y avait plus qu'à vérifier en fait si la *nécessité* s'était montrée.

L'accusation vient de reculer devant les conséquences du principe qu'elle avait professé : elle a compris combien il simplifiait la défense; elle cherche maintenant à le resserrer dans de plus étroites limites; elle n'admet plus la *nécessité* qu'avec la condition qu'elle aura des juges.

Les juges qu'elle admet aujourd'hui, ce sont les trois pouvoirs de l'État. Ainsi, pour savoir s'il y a *nécessité* de sortir du cercle des lois, d'agir en dehors des lois, il faudra le concours et sans doute l'*accord* des trois pouvoirs chargés de faire les lois.

Mais qui ne comprend ce qu'il y a de contradictoire et d'inexplicable dans le droit rapproché de la limite? Qui ne voit que c'est un cercle vicieux dans lequel on s'engage sans pouvoir en sortir jamais?

Si la discorde est dans les trois pouvoirs, si le danger tient à l'exigence de l'un d'entre eux, si la *nécessité* naît précisément de cette mésintelligence, si la majorité d'une Chambre factieuse va jusqu'à opprimer le pouvoir royal, à le miner, à le détruire, faudra-t-il, pour recourir aux moyens extraordinaires qui doivent le sauver, *le consentement du corps qui veut le perdre?*

Voilà ce que l'accusation n'a pas calculé lorsqu'elle a tardivement cherché à atténuer les conséquences du principe qu'elle a établi. Il n'est plus temps de rétrograder, et chaque pas qu'elle ferait en arrière pour ressaisir ce qu'elle a concédé, ouvrirait à la défense un moyen de plus.

Le principe d'une nécessité régulatrice est reconnu. On chercherait vainement à le circonscrire; si la nécessité a éclaté, la justification sera toujours suffisante, et cette grave question de droit se trouve ainsi réduite à une pure question de fait.

Il s'agirait donc uniquement de vérifier si les circonstances ont été assez pressantes, si le trône s'est trouvé poussé vers un danger assez imminent pour expliquer l'emploi, devenu nécessaire, de mesures extraordinaires.

Mais remarquez, Messieurs, à quoi la question ainsi posée réduit l'accusation. Que vous demande-t-on? de déclarer que les anciens ministres sont coupables de trahison, sont punissables selon toute la rigueur des lois, pour avoir *changé violemment et arbitrairement les institutions du royaume*. Pour que l'imputation soit fondée, il faut qu'ils aient, par la seule puissance de leur volonté, consommé ou entrepris des actes que la constitution du pays leur défendait expressément de faire.

S'il était reconnu que, dans un cas donné, dans une situation éventuelle, ce qu'ils ont fait aurait été permis, ce qu'on pourrait vous dénoncer serait sans doute une erreur de fait, mais non pas la violation du pacte. Le crime ne saurait exister dans l'application erronée d'un principe reconnu vrai, mais dans l'exercice d'un pouvoir usurpé, et dans l'atteinte flagrante portée à une règle absolue.

Maintenant, faut-il nous rapprocher des faits, et voir encore si les serviteurs du trône ont pu, *sans crime*, croire menacé le dépôt qui leur était confié?

Je vous supplie de ne pas exiger de moi que je revienne avec de longs développemens sur cette triste partie de la discussion qui nous occupe. Je n'ai ni le courage ni le besoin d'examiner si, en effet, le cortége qui a deux fois accompagné le retour de la dynastie, a élevé comme une sorte de froide barrière entre elle et ce pays auquel elle appartenait depuis huit siècles ; de rechercher péniblement si le trône est tombé sous les efforts d'une colère de trois jours, éclatant à la suite d'une longue défiance portée au comble depuis un an, ou sous l'action lente et inévitable d'une antipathie de quinze années.

Ne croyez pas toutefois que j'hésitasse à prendre un parti entre ces deux opinions contraires; et si l'expression de ma pensée sur ce point pouvait être de quelque utilité dans ces débats, je ne balancerais point à repousser la dernière. Je ne crois point à cette sombre haine dissimulée pendant si long-temps; je ne crois point à ce jeu triste et cruel, par lequel une nation et une famille se seraient mutuellement trompées pendant quinze ans. Il y a d'ailleurs des choses qui échappent à tout l'art de la feinte, et j'ai encore présent à mon souvenir le voyage de la Lorraine et de l'Alsace.

Pairs du Royaume, il ne s'agit pas de juger à quelle époque remontait l'origine du mal, d'en rechercher la cause, de s'enquérir du remède, d'examiner si tout espoir de s'entendre était perdu; il s'agit de savoir si, le 25 juillet, au milieu des circonstances où les événemens, ou bien, si l'on veut, les fautes précédentes nous avaient conduits, on a pu croire *sans crime* la puissance royale en danger.

Souvenez-vous des faits que j'ai rappelés, et que votre mémoire aurait dispensé la mienne de reproduire, et sans voir au delà, souvenez-vous de cette Chambre élective dissoute par l'effet d'une volonté *déclarée immuable*, revenant composée des élémens qui la formaient au moment de sa dissolution, constatant, par sa composition même, le triomphe d'une opinion qui s'était déclarée hostile, se représentant à la couronne pour lui imposer des conseillers nouveaux; et demandez-vous s'il n'y avait pas là, là seulement, et sans chercher ailleurs, un sujet d'inquiétude sérieuse et grave, et qui a pu produire la *préoccupation* et *l'aveuglement.*

Je le demande moi-même à tous les cœurs droits, à toutes les consciences pures, à tous les esprits éclairés; des hommes placés dans cette situation, en présence d'une immense responsabilité, n'ont-ils pu être entraînés que par des sentimens que l'honneur réprouve? N'ont-ils pu être conduits que par une ignoble ambition, que par une honteuse soif du pouvoir, à joindre leur signature à celle qui déjà se montrait sur les ordonnances, et à livrer leur tête aux chances de ce périlleux engagement?

Et pensez-y bien, Messieurs, c'est là tout ce qui est soumis à vos consciences. Vous n'allez pas rendre un jugement qui doive absoudre les ministres d'avoir méconnu les droits de leur pays et mal compris les intérêts de la couronne : juges d'une accusation criminelle, vous avez non seulement un fait à éclaircir et à peser, mais des intentions à reconnaître, mais des ames à sonder, car notre législation protectrice ne connaît pas de crime sans volonté, et ne frappe pas là où elle trouve un bras criminel sans un cœur flétri.

Je le répète, car je ne puis trop le redire, vous n'avez pas à déclarer si les actes qui vous sont dénoncés ont été dictés par un patriotisme éclairé, par un sage dévouement, par une prudente politique, mais si ceux qui y ont participé sont criminels; et pour qu'ils le soient, n'oubliez pas qu'il faut que l'intention criminelle soit évidente et l'erreur impossible.

Lisez ce qui s'écrit; écoutez ce qui se dit; voyez ce qui s'est passé; jetez les yeux sur cette histoire de *huit jours*, sur cette chute, sur cette double abdication insuffisante, sur cet enfant repoussé, sur cette fuite obligée de la dynastie tout entière, sur cette élévation rapide d'une dynastie nouvelle; et puis, la main sur la conscience, répondez à cette question : A-t-on pu *sans crime* croire les circonstances graves, le trône et les institutions en péril?

C'en est assez sur ce point, et votre justice est fixée. Ce grief de l'accusation, le plus grave, le plus menaçant, le seul qui offre une réalité imposante, considéré comme il doit l'être dans un procès criminel, ne saurait justifier les conclusions rigoureuses et effrayantes contre lesquelles nous nous débattons.

J'ai parcouru, pour n'y plus revenir, les chefs divers à l'aide desquels on a remplacé le seul chef qu'on pût légalement et régulièrement articuler.

J'ai prouvé qu'aucune des imputations produites ne pouvait servir à édifier le crime de trahison, lors même que la construction de ce crime par des élémens analogues ne serait pas suffisamment repoussée par sa propre illégalité.

C'est là tout ce que j'avais à établir, car il n'est plus nécessaire de redire qu'il ne saurait être question de statuer sur chacun de ces griefs en lui-même comme formant la matière d'une accusation susceptible de l'application d'une peine. C'est un point désormais trop bien éclairci, pour qu'il soit besoin de s'y arrêter encore.

Ce premier devoir rempli, et les questions du procès étant ainsi revues de près et sévèrement appréciées, je puis maintenant revenir à ces questions préjudicielles tellement puissantes qu'elles auraient pu sans doute dispenser de tout autre effort.

J'avais assuré que le procès que vous aviez à juger avait quelque chose en soi d'étrange, de contradictoire, d'impossible, qui étonnerait les générations futures, que ne pouvaient comprendre ceux qui, placés loin du centre de l'action et de la tourmente, cherchaient à se rendre compte des événemens dont ils sont les contemporains; mon argumentation était simple :

Un trône est tombé; la seconde génération a suivi le monarque déchu; de vaines tentatives ont été faites pour soustraire la troisième, un enfant, à la déchéance et à l'exil. Les ministres de cette maison renversée sont saisis au milieu des débris de cette chute immense; ils sont accusés, poursuivis, traduits devant vous, et ils vous disent : « Que nous demande-t-on et qu'a-t-on à nous demander? Nous répondions pour la dynastie, et nous devions tomber pour qu'elle restât debout; mais la dynastie a disparu; le torrent qui l'a entraînée a emporté avec lui tous les élémens de cet étrange procès : vous nous parlez de responsabilité, de Charte, de monarchie représentative; rien de tout cela n'existe; les conditions du pacte qui constituait notre responsabilité sont anéanties; il n'y a plus pour nous ni accusation fondée, ni accusation permise, ni jugement possible. »

L'accusation n'est point touchée par la force de ces argumens; elle n'y trouve qu'un grief de plus. « Étrange idée, dit-elle, *étrange violation de la morale publique!* Vous voulez échapper à la justice qui vous poursuit, parce que vous êtes plus criminels encore. Votre faute ou votre crime ont renversé le trône, et vous espérez trouver un asile sous ses débris! Vous parlez de l'inviolabilité méconnue! De quoi vous plaignez-vous? Toutes les promesses n'ont-elles pas été tenues? Le roi, dont vous étiez les agens, a-t-il été frappé dans sa personne? n'a-t-il pas été conduit de l'autre côté des mers? ne vit-il pas en paix sur une terre étrangère? C'est votre responsabilité qui nous reste. *Si votre roi était assis à vos côtés,* alors on pourrait comprendre cette défense prise dans l'atteinte portée à son inviolabilité; mais il est loin parce qu'il fut inviolable, et vous êtes là pour répondre du mal qui a été fait, parce que c'est vous qui en êtes responsables. »

Ainsi donc ce n'est pas une erreur échappée à la précipitation d'un long travail; ce n'est point une opinion hasardée avant d'avoir été soumise à l'épreuve de la méditation. C'est un système, c'est un principe que les organes de l'accusation adoptent, professent, veulent faire consacrer.

L'inviolabilité déterminée par la Charte ne s'applique qu'*à la tête* et non *à la couronne.* Le roi fondateur de la Charte aura dit : « Je prendrai mes précautions contre les violences; je ne veux pas être frappé *dans ma personne;* je ne veux pas être traduit devant vos tribunaux, être soumis à des peines afflictives ou infamantes, *à des châtimens corporels.* Pour être garanti de ce danger, notre pacte social déclarera que *ma personne* est inviolable, et que je vous livre mes ministres. »

Et le roi créateur du pacte, chef d'une dynastie qui date de huit siècles, et qui était destinée à la perpétuité, aura cru avoir rempli sa tâche, proclamé un principe et fondé une institution!

C'est ainsi que vous voulez que l'on comprenne l'article 13 de la Charte, et vous nous reprochez, comme une grave erreur, de l'entendre autrement. Eh bien! nous gémissons, nous, sur l'aveuglement où la prévention et la préoccupation d'un devoir rigoureux peuvent jeter les cœurs les plus droits et les esprits les plus justes.

C'est votre théorie qui est une erreur, mais une erreur que tous vos efforts ne parviendraient pas à rendre contagieuse.

La première règle, je dirais la première condition, la condition vitale d'une monarchie héréditaire et représentative, c'est l'inviolabilité, non de *l'homme*, mais du *roi;* non de *l'individu*, mais du *pouvoir*.

Les ministres ne sont pas chargés de recevoir, pour le roi, des punitions corporelles. Leur responsabilité est instituée pour dégager la couronne de toute espèce d'atteinte, de soupçon, de reproche, pour la placer au dessus de toutes les querelles de l'administration, de tous les orages de la politique.

Voilà la vie du gouvernement représentatif; voilà l'élément principal de son existence. Faites de cette question d'institution une question de Cour d'assises, de cette question *de corps social* une question *de corps humain,* vous renversez tout, vous détruisez tout, vous sapez par sa base tout le système d'un gouvernement régulier.

Par l'article 13 de la Charte, tous les droits ont été conservés, tous les intérêts, garantis; l'une de ses dispositions est le gage de la couronne; l'autre est le gage du peuple. La première met le pouvoir royal au dessus de toute atteinte; la seconde donne au peuple des cautions et des garans que les lois seront exécutées, que ses libertés seront maintenues, que ses droits seront respectés.

Le roi ne pouvait garder l'inviolabilité et détruire la responsabilité, et le peuple ne pouvait détruire l'inviolabilité et garder la responsabilité.

Tel était le pacte, telle était sa condition substantielle. Qu'est-il arrivé? Une lutte s'est engagée. Le peuple, devenu le plus fort, s'est considéré comme dégagé, et il a fait son choix; il a dit, le 29 juillet : « Que m'importent ces instrumens d'un jour, que je peux briser aujourd'hui, mais qui seront remplacés demain! Quel profit trouverais-je à traîner sur un échafaud ces agens d'une puissance ennemie, dont j'aurais tout à redouter encore? Frappons plus haut, et détruisons, pour le présent et pour l'avenir, la puissance elle-même. » Il a parlé ainsi, et sa colère, brisant le pacte, a foulé aux pieds trois couronnes à la fois.

C'est ainsi que le trône est tombé; mais avec lui tout s'est écroulé, tout a disparu; et le peuple vainqueur n'a pas pu ensuite chercher, au milieu des débris, les instrumens tombés qu'il avait dédaignés.

On a invoqué *la morale publique;* on a dit qu'elle était blessée par cette défense. Au nom de la morale publique, écoutez-nous et répondez.

Les ministres de Charles X vous parlent ainsi : « Nous étions les gérans de l'autorité royale, les agens responsables et seuls responsables de la couronne; nous avions contracté pour elle cet engagement terrible, au bas duquel était tombée notre signature et qui devait être acquitté par nous seuls. Si, à l'échéance, on se fût présenté à nous pour réclamer le paiement, nous n'aurions pas désavoué la dette et renvoyé à un autre débiteur. Il n'en a point été ainsi; ce n'est pas nous qu'on a voulu rendre responsables de nos œuvres; on s'est élevé plus haut : on a saisi la couronne sur le front qui la portait, on l'a brisée, on en a roulé les débris sur la terre étrangère; on s'est affranchi de son autorité, on a détruit jusqu'à son avenir. Tout n'est-il donc pas consommé? Notre contrat n'est-il pas anéanti? La dette n'est-elle pas acquittée? Injuste, injuste le peuple qui, après s'être payé en liberté et en pouvoir, voudrait se payer encore avec le sang des hommes! »

Voilà ce que disent les accusés. Vous qui remplissez un mandat de rigueur mais de vérité, dites-moi si c'est là un langage que *la morale publique* réprouve?

J'avais donc eu raison de dire que le procès était *impossible*, qu'il blessait la justice et la saine politique, qu'il n'avait plus ni cause, ni intérêt, ni but, puisque la vengeance était déjà complète, et que jamais plus grande et plus terrible leçon n'avait été donnée aux rois et aux ministres.

Passant de cette démonstration à l'examen des différentes questions qui se trouvent en dehors du procès lui-même, j'avais trouvé à tous les pas un obstacle, un inconvénient, une irrégularité, quelque chose qui annonçait que ce qui se faisait n'était pas bien, n'était pas conforme aux lois, annonçait en un mot une tentative contraire à la nature des choses.

Ainsi, j'avais dit que ce procès n'avait pas de juges; je m'étais demandé, en effet, si la Cour des Pairs, devant laquelle les accusés sont traduits, était bien celle que leur réservait la Charte de 1814, et j'avais rappelé que l'autre reposait sur une constitution indépendante et immuable, que celle-ci était encore incertaine de son existence, dont les élémens principaux étaient soumis à la révision de la Chambre même au nom de laquelle les accusés étaient poursuivis.

Vous avez écouté cette défense difficile avec ce sentiment d'une bienveillante équité que l'amour du devoir peut seul inspirer; et la vérité de l'observation sur laquelle elle se fonde a paru faire impression sur vos esprits.

Que nous a-t-on répondu? — Que nous nous garderions bien de chercher d'autres juges, et que nous regretterions ceux qui nous sont donnés.

Oh! pour cette fois enfin, l'accusation se trouve d'accord avec la défense. Oui, certes, les accusés gémiraient d'avoir d'autres juges; ils savent bien qu'ils ne trouveraient nulle part cette prudence, cette sagesse, cette modération rare et précieuse sur lesquelles leur sécurité se fonde. Ils savent bien que, lorsque le moment sera venu de prononcer sur leur sort, il n'y aura pas un pair qui se souvienne de la constitution de la pairie mise en question devant la Chambre des députés. Ils savent bien aussi que, lorsque cette haute question politique se présentera à l'autre Chambre, aucun de ses membres n'ira chercher dans les souvenirs de ce triste procès les motifs qui détermineront son vote.

Aussi, n'était-ce pas sur un défaut de confiance et d'abandon qu'était fondé ce moyen de défense. Il n'était invoqué que comme une preuve de plus de l'impossibilité du procès. Il n'a plus de juges, disions-nous ; voyez l'état actuel de votre institution ; comptez le nombre de vos membres, et dites si vous êtes bien les juges que la Charte nous avait promis : la preuve que ce procès n'est pas naturel, n'est pas légitime, n'est pas possible, c'est que vous, les seuls juges que la nature de nos institutions nous laisse, vous sentez quelque chose qui fait que votre conscience n'est pas libre et dégagée, quelque chose qui, au moment de condamner, aurait une voix pour vous crier : Prenez garde; le doute, au moins le doute peut vous venir sur votre droit de vie et de mort, et s'il n'était plus temps, ce doute serait affreux.

Voilà ce que nous avons voulu dire et ce que l'accusation n'a pu ni détruire ni démentir. Cette partie de nos argumens nous reste donc encore dans toute sa force.

Ce n'est pas tout. Nous avons reproché à l'accusation d'être atteinte du plus grand de tous les vices, celui de ne s'appuyer sur aucune loi.

Et voyez dans quel embarras ce vice radical la jette. Elle ne peut s'accorder avec elle-même ; tantôt elle demande avec insistance l'application formelle des articles qu'elle a cités, et dont nous avons apprécié les rapports avec les faits qu'elle articulait ; tantôt, frappée de l'impossibilité où vous êtes de substituer ainsi au seul crime dont vous êtes juges, d'autres crimes que la loi ne vous défère pas, elle s'en remet à votre sagesse. Cette indécision, cette gêne, ces doutes signalent encore à tous les esprits l'illégalité de la poursuite et l'impossibilité du jugement.

J'en suis convaincu, Messieurs, si vous étiez membres d'un tribunal purement judiciaire, ce moyen seul suffirait pour arrêter vos consciences, et votre main reculerait devant la signature d'un arrêt.

On m'oppose que vous êtes aussi un corps politique, je le sais. Je l'ai dit, et je le dis encore, je ne conteste pas, mais je ne saurais reconnaître ni concevoir le droit que peut vous donner votre constitution politique de faire pour un homme la loi que vous lui appliquerez.

Ce que je me plais à reconnaître et à proclamer, c'est votre haute raison, c'est votre prudent amour pour votre pays, c'est votre respect pour la justice: voilà, je le répète, le fondement sur lequel repose la sécurité des accusés.

Messieurs, les forces manquent à mon zèle, mais le courage et l'espérance ne manquent pas à mon cœur. Mon mandat est fini. Pairs du royaume, magistrats, hommes de bien, hommes de cœur, le moment est venu; allez aussi remplir le vôtre. Votre tâche est grande, elle est noble, elle est tout-à-fait digne de vous, car rien n'y manque, pas même les honneurs du danger. Allez donc; c'est avec une confiance entière que nous attendrons votre retour.

Qu'importe la rumeur sinistre qui s'élève autour de nous? elle ne pénétrera pas dans le lieu réservé où le cri de la conscience doit être seul écouté; et quand elle parviendrait à s'y faire entendre, qu'importerait encore? Les menaces de la sédition n'ont jamais fait qu'élever les ames généreuses, que leur rendre la voix du devoir plus impérieuse et plus sacrée.

Qu'ils viennent, ceux qui croiraient pouvoir arracher de vous par la violence ce qu'ils n'obtiendraient pas par la justice; qu'ils viennent, le procès de Strafford à la main : qu'ils regardent la liste, qu'ils comptent le nombre des pairs d'Angleterre qui, au jour orageux du jugement, osèrent venir prendre leur place au parlement, et qu'ils jettent les yeux sur l'appel nominal que nous avons entendu tout à l'heure : ils comprendront alors ce que la sédition aurait à espérer des Pairs de France. Quant à nous, je le déclare, nous n'avons pas besoin d'autre garantie.

FIN.

IMPRIMERIE ET FONDERIE DE J. PINARD,
RUE D'ANJOU-DAUPHINE, N° 8.

www.ingramcontent.com/pod-product-compliance
Lightning Source LLC
LaVergne TN
LVHW020257230826
846091LV00006B/2459